이야기로 만나는 **사순절**

예수님의 사랑을 닮아가요

저자 정부선 박현경

도서출판사 **TOBIA**

예수님의 사랑을 닮아가요

강신덕 목사(샬롬교회 책임목사, 토비아사역원 사역목사)

"세상 모두 사랑없어 냉랭함을 아느냐, 곳곳마다 사랑 없어 탄식소리 뿐일세." 한 찬송가의 가사가 그 어느 때보다 우리의 마음에 울림이 되는 오늘입니다. 사랑없는 세상 속에 불쌍히 여기는 마음은 메마르고, 우리의 시선은 자신에게만 향해 있으며, 도움의 손길은 끊어졌고, 사랑을 향한 발걸음은 멈췄습니다. 자신을 내어주는 사랑의 희생이 미련함으로 치부되는 세상입니다. 하나님께서는 이렇게 사랑없는 오늘의 세상도 지극히 사랑하셔 독생자 예수 그리스도를 보내주셨습니다.

예수 그리스도의 십자가는 사랑으로 점철되어 있습니다. 하나님께서는 세상을 지극히 사랑하는 마음으로 독생자 예수 그리스도를 이 땅 가운데 보내셨습니다. 예수 그리스도는 이 땅 가운데 하나님의 사랑을 펼치셨고 우리로 하여금 하나님의 사랑을 경험하게 하셨습니다. 그리고 십자가 위에 온 몸을 내어놓으신 예수님의 사랑은 하나님 사랑의 정수이며 우리는 그 사랑으로 새 생명을 얻었습니다. 예수님께서는 사랑으로 우리에게 오셨습니다. 사순절을 맞아 우리는 예수님께서 우리에게 보이신 사랑을 되새겨야 합니다. 그리고 예수님께서 우리에게 보이신 사랑의 실질적인 방식을 따르는 가운데 사순절을 보내야 합니다.

이번 2020년 토비아사역원과 레티티아의 이야기로 만나는 사순절 신앙교육교재는 예수님의 사랑을 닮는 것을 주제로 합니다. 우리는 예수님의 사랑의 마음을 품고, 예수님께서 사랑의 눈으로 바라보시고, 사랑의 손으로 세우시고, 사랑의 발걸음으로 찾아가시고, 끝끝내 자신의 온 몸을 바쳐 우리를 사랑하신 예수님의 모든 것을 닮아가야 합니다. 그래서 우리의 전인(全人)이 사랑의 예수님을 닮아가야 합니다. 먼저 교재는 갈릴리 지역 자신을 따르던 목자잃은 양같은 무리를 보시고 그들을 불쌍히 여기시는 예수님의 마음을 이야기합니다. 그 다음으로 교재는 잃어버린 바 된 한 영혼 삭개오를 바라보시는 예수님의 사랑의 눈을 이야기합니다. 세 번째로 교재는 세상과 분리되어 고통받는 나병환자에게 내미신 예수님의 사랑의 손을 이야기합니다. 네 번째로 교재는 죽은 나사로를 살리기 위해 이어진 예수님의 사랑의 발걸음을 이야기합니다. 마지막으로 사랑으로 우리에게 온 몸을 내어주시는 예수님의 십자가 사랑을 이야기합니다. 본 교재를 통해 하나님의 마음을 알고, 하나님의 사랑을 이 땅 가운데 드러내신 예수님의 사랑의 방법을 가르칩니다. 그리고 우리의 눈과 우리의 손, 우리의 발과 우리의 모든 것으로 예수님의 사랑을 온전히 따르며 닮아가야 함을 배웁니다.

"사랑은 여기 있으니"로 시작하는 요한1서 4장 10절은 예수 그리스도께서 사랑이라고 기록합니다. 그 사랑은 우리에게 오셔서 우리에게 온 몸을 내어주신 예수 그리스도 안에 있습니다. 예수님의 참 사랑은 예수님의 모든 사역 가운데 드러납니다. 따라서 우리는 예수님의 행위 하나하나에서 그 사랑을 배우고, 예수님의 사랑을 닮기 위해 신앙의 훈련을 멈추지 말아야 합니다. 사순절 기간동안 예수 그리스도께서 우리에게 보여주신 사랑을 닮아가기를 간절히 소망합니다. 예수님의 사랑의 마음을 품고, 우리의 온 몸을 사랑의 도구로 훈련하여 사랑을 실천하는 신실한 그리스도인이 됩시다.

사순절에 만나는 성서적 세계관

박현경 소장(레티티아책세계관연구소)

세계관은 세상을 보는 안경입니다. 어떤 색의 안경을 쓰느냐에 따라 세상이 다르게 보이는 것처럼 우리가 어떤 세계관을 가지고 있느냐에 따라 삶을 살아가는 모습이 달라집니다. 이렇게 세계관은 우리의 삶을 이끌어가며, 우리가 내려야 할 모든 의사결정에 중요한 영향을 미칩니다.

그렇다면 성서적 세계관은 무엇일까요? 성서적 세계관은 그리스도인들이 세상에 대해 가져야 할 기본 신념들을 성서에서 배우고, 그러한 신념들을 우리 문화의 기본 신념들과 연결시키는 것입니다. 성서의 진리를 통해 세상을 보는 관점이 바로 성서적 세계관인 것입니다. 레슬리 뉴비긴이 성서는 바라보기만 할 책이 아니라 그것을 통해 세상을 봐야 하는 책이라고 말하는 것과 상통합니다. 성서적 세계관을 가진 그리스도인들은 세상의 방식이 아닌, 하나님의 방식과 법도로 세상을 바라보며 살아가게 됩니다. 복음은 그리스도인들만의 진리가 아닙니다. 모든 사물과 생각에 적용될 수 있는 기준이 되는 것으로, 이 세상을 살아가는 모든 사람들이 받아들일 수 있는 공공의 진리입니다. 이러한 진리를 나의 삶의 기준으로 삼고 나아가 세상과 소통하기 위해서는 성서적 세계관을 내면화해야 합니다.

성서적 세계관으로 세상을 바라보는 안목을 키우며 성서의 진리를 내 삶에 적용하는 가장 좋은 방법 중의 하나는 이야기로 만나는 것입니다. 인간은 이야기 하려는 본능이 있고, 누구나 자신의 이야기가 있습니다. 또한 이야기를 통해 사회를 이해하기도 하며 자신의 이해를 적용하기도 합니다. 이야기가 인간의 체험을 가능한 한 구체적이고 생생하게 표현하여 보여줄 뿐만 아니라 실재의 본질을 파악하도록 도와주기 때문입니다. 또한 성서는 그 자체로 거대한 이야기입니다. 예수님께서도 다양한 이야기를 통해 우리에게 하나님의 진리를 알려주십니다. 누가복음 10장의 말씀 속에서 예수님은 자신의 이웃이 누구냐는 율법 교사의 질문에 강도 맞은 자에게 선대하는 사마리아인의 이야기를 들려주십니다. 이야기를 통해 이웃에 대한 추상적인 설명이 아닌 실재를 보여주고 해석할 수 있도록 인도해주시는 것입니다.

사순절은 고난과 죽음을 통해 우리에게 보여주신 예수님의 사랑을 기억하는 절기입니다. 사랑으로 우리 가운데 오신 예수님을 묵상하며 사랑의 실천을 다짐해야 합니다. 토비아사역원과 레티티아가 함께 준비한 『예수님의 사랑을 닮아가요』는 다음 세대인 어린이들이 예수님께서 우리에게 보이신 사랑의 모습을 기억하며 실천을 다짐할 수 있는 이야기를 선정했습니다. 세계의 곳곳에 사랑이 필요한 아이들의 모습을 살펴보고 사랑없는 나의 마음을 돌아볼 수 있는 이야기, 사랑의 시선이 무엇보다 간절했던 한 소녀의 이야기, 힘을 합쳐 도움이 필요한 강아지를 구해낸 이야기, 사랑하는 친구를 구하기 위해 위험을 무릅쓰고 찾아가는 곰의 이야기, 세계 2차 대전때 죽음 앞에 놓인 아이들과 끝까지 함께한 야누슈 코르착의 이야기가 있습니다. 어린이들이 이야기 속에 담겨 있는 사랑의 성서적 세계관을 경험하며 일상의 언어로 나와 세상과 소통하고 자신의 삶의 바탕으로 만들어가는 귀한 시간이 되기를 소망합니다.

이야기로 만나는 사순절 예수님의 사랑을 닮아가요

목　차

이야기로 만나는 사순절 예수님의 사랑을 닮아가요

교재활용안내

● 이야기로 만나는 사순절 예수님의 사랑을 닮아가요는 어린이들이 성서 속 예수님의 말씀과 사순절 신앙의 전통을 배우고 성장하도록 돕기 위해 제작된 사순절 신앙교재입니다. 특별히 토비아사역원과 레티티아는 이번 사순절 신앙교육의 주제를 '사랑'으로 선정하였습니다. 예수님의 사랑을 주제로 성서의 이야기와 그림책 이야기 그리고 어린이 자신의 이야기를 중심으로 교육을 전개해 나가는 새로운 방식을 제공합니다.

● 이야기로 만나는 사순절 예수님의 사랑을 닮아가요의 특징
이 교재는 이야기를 중심으로 구성되었습니다. 어린이들은 성서의 이야기를 통해 예수님의 사랑의 모습을 배우고, 그림책 이야기를 통해 사랑에 대한 감수성을 키웁니다. 그리고 어린이 자신의 이야기를 통해 예수님의 사랑의 행동을 자신의 삶에 구체적으로 적용합니다.

● 이야기로 만나는 사순절 예수님의 사랑을 닮아가요의 목적
1. 이 교재는 교회력의 사순절을 위한 신앙교육을 목적으로 합니다.
2. 이 교재는 어린이들에게 사순절 신앙을 가르치고 실천하도록 돕기 위한 것 입니다. 더불어 예수님의 사랑을 실천하는 교육을 목적으로 합니다.

● 이야기로 만나는 사순절 예수님의 사랑을 닮아가요의 내용

첫 번째 이야기	두 번째 이야기	세 번째 이야기
사랑의 마음을 품어요	사랑의 눈으로 바라보아요	사랑의 손을 내밀어요
네 번째 이야기	다섯 번째 이야기	종려주일 이야기
사랑의 발걸음으로 찾아가요	사랑으로 아낌없이 주어요	예수님의 사랑을 닮아요

● 이야기로 만나는 사순절 예수님의 사랑을 닮아가요의 진행

부름 3분 → 그림책 이야기 5~10분 → 성서 이야기 10분 → 우리들 이야기 10분 → 복습 및 인사 3분

● 이야기로 만나는 사순절 예수님의 사랑을 닮아가요의 교사의 역할
첫째, 부모와 교사는 어린이들에게 이야기를 들려주는 사람들입니다(story teller).
둘째, 부모와 교사는 어린이들로 하여금 대강절의 신앙을 따라 살도록 훈련하는 사람들입니다 (trainer).

이야기로 만나는 사순절
예수님의 사랑을 닮아가요
교사지침안내

교수학습진행안, 우리들이야기 교육활동진행안 PDF 및 자료들은 홈페이지를 통해 무료배포됩니다. 아래 홈페이지를 통해 다운받아 사용하시기 바랍니다.

홈페이지

www.touch-bible.com

교사지침PDF

우리들이야기PDF 및 자료

선생님 사순절이 뭐예요?

사순절은 예수님께서 십자가의 죽음에서 부활하신 부활절을 기쁘게 축하하기 위해 준비하는 절기에요. 부활절 전 여섯 번의 주일을 뺀 40일 동안의 기간을 사순절이라고 말해요. 이 40일의 기간 동안 예수님께서 우리의 죄로 인해 십자가에 달려 돌아가신 것을 기억하며 우리도 고난에 함께하는 훈련을 해요. 예수님께서 우리에게 보여주신 바른 신앙의 모습을 되새기며 경건을 위한 여러가지 훈련을 하는 기간으로 보내게 돼요.

재의 수요일
재의 수요일은 사순절의 시작을 알리는 수요일을 의미해요. 재를 머리에 뿌리는 것은 죄를 회개하는 의미를 가지고 있어요. 우리의 죄를 회개하며 사순절을 시작해요.

종려주일
예수님께서 하나님의 뜻을 이루시기 위해 나귀를 타고 예루살렘으로 들어가신 날을 기념하는 주일이에요. 이때 많은 사람들이 성문 밖으로 나와 종려나무 가지를 흔들고 "호산나! 호산나!" 외치며 예수님을 환영했어요.

고난주간
예수님의 십자가에서의 고난과 죽음을 기념하는 주간이에요. 예수님께서 어린 나귀를 타고 예루살렘에 입성시던 날로부터 부활하시기 직전까지의 1주간을 말해요. 고난 주간은 매우 경건하게 보내는 주간이에요. 특히 최후의 만찬을 기념하는 목요일과 주님의 십자가 죽음을 기념하는 금요일은 그중에서도 더 경건하게 보내며, 재미있고 신나는 일들을 절제하고 기도하는 날로 지키기도 해요.

이야기로 만나는 사순절
예수님의 사랑을 닮아가요 이렇게 시작해요.

회개의 기도로 시작해요.
사순절 기간 동안 하나님께 잘못한 것이 있다면 회개의 기도를 드리며 모임을 시작해요.

함께 나눔으로 시작해요.
사순절 기간 동안 죄의 유혹을 물리치고 승리한 이야기가 있다면 함께 이야기해요. 그리고 죄의 유혹을 물리치지 못한 일이 있다면 함께 이야기하고 서로를 위해 기도해주어요.

말씀을 복습하며 시작해요.
사순절 기간 동안 외운 말씀들을 함께 점검하며 모임을 시작해요.

첫 번째 이야기

이야기로 만나는 사순절

사랑의 마음을 품어요

 그림책이야기

서울에 사는 솔이는 그림을 그리며 자신의 꿈을 키워갑니다. 그러나 다른 곳에는 이런 친구들도 있습니다. 광산에서 하루 종일 일하는 하산, 14시간 카페트를 만드는 파니어, 말라리아에 걸렸지만 치료받기가 어려운 키잠부, 맨홀에서 사는 엘레나, 지진으로 가족을 잃은 르네, 소년 병사인 칼라미입니다. 거짓말 같지만 사실입니다.

하산, 파니어, 키잠부, 엘레나, 르네, 칼라미를 바라보는
나의 마음은 어떤가요? 하나님은 어떤 마음일까요?

거짓말 같은 이야기 강경수 글그림 / 시공주니어 / 2011

성서이야기 ....

- 본문 말씀 : 마태복음 9장 35-36절
- 외울 말씀 : 마태복음 9장 36절
  무리를 보시고 불쌍히 여기시니 이는 그들이 목자 없는 양과 같이 고생하며 기진함이라

말씀을 묵상하면서 그림을 색칠해요.

예수님께서 제자들과 갈릴리지역을 다니실 때 많은 사람들이 예수님을 따랐어요.
이곳저곳으로부터 모여든 사람들이 들판의 양떼들처럼 많았어요.
그들 중에는 앞을 볼 수 없는 사람들도 있어요.
가족을 잃고 외롭게 살아가는 사람들도 있어요.
병이 들어 아무 일도 할 수 없는 사람들도 있어요.
가난하여 먹을 것을 걱정하는 사람들도 있어요.
매일매일 고통 가운데 힘들게 살아가는 사람들도 있어요.

예수님께서는 한참 동안 그 사람들을 바라보셨어요.
그리고 두 손으로 가슴을 치며 말씀하셨어요.
"저들의 모습을 보니 내 마음이 아프구나!
 저들의 모습이 마치 목자를 잃어버린 양떼들 같구나.
 길을 잃고 울부짖는 양떼들 같구나!"
예수님께서 눈을 돌려 제자들을 보시며 말씀하셨어요.
"너희들은 저들의 소리가 들리지 않니?
 저들의 걱정하는 소리와 고통의 소리가 내게 들리는 구나!
 너희들은 저들의 상한 마음이 보이지 않니?
 저들의 상한 마음이 내 마음을 더 아프게 하는구나!"

예수님께서는 저들을 불쌍히 여기셨어요.
병든 사람들, 약한 사람들, 외로운 사람들, 고통당하는 사람들의 모습을 마음에 품으셨어요.
사랑의 마음으로 기억하셨어요. 사랑을 행하셨어요.

1. 예수님께서는 예수님을 따르는 많은 무리들을 보시고 어떤 마음을 품으셨나요?

2. 빈칸에 들어갈 글자를 적어보세요.

" 사랑의 마음을 ●●● .
예수님의 ●●● ● ● 을 닮아요."

사람들을 보시고 그들을 불쌍히 여기셨던 예수님의 사랑의 마음을 기억하며,
세상과 이웃의 아픔을 불쌍히 여기며 그 마음으로 예수님의 사랑을 행하는 사순절이 되어요.

'내 마음 속 예수님' 카드 만들기

사랑으로 사람들을 마음에 품으셨던 예수님을 기억해요. 예수님의 마음을 우리 마음에 품어요. 예수님의 마음은 어떤 마음인지 예수님 하트에 적고, 점선을 따라 접어 카드를 만들어요.

----∙----∙---- 밖으로 접기

------------- 안으로 접기

━━━━━━ 자르기

두 번째 이야기

이야기로 만나는 사순절
....
사랑의 눈으로 바라보아요

 ## 그림책이야기

    다리가 아픈 수지는 매일매일 높은 베란다에 나가서 아래를 내려다봅니다. 수지에게는 앞만보며 걸어다니는 사람들의 검정머리만 보여요. 수지는 사람들이 개미같다고 생각해요. 수지는 자기와 상관없이 한결같아 보이는 사람들을 보며 '내가 여기에 있어요. 아무라도 좋으니… 위를 봐요!'라고 소망을 말합니다.

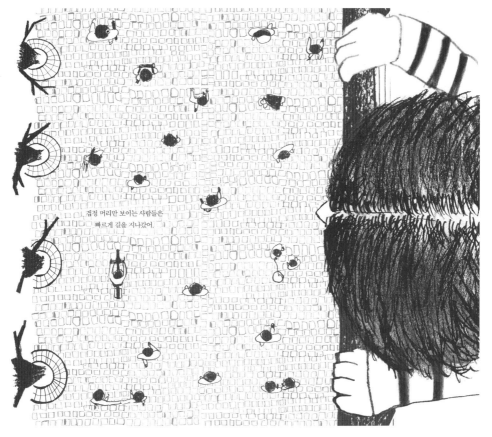

검정 머리만 보이는 사람들은
빠르게 길을 지나갔어.

수지의 소망이 이루어지기 위해서는 어떤 일이 일어나야 할까요?

위를 봐요!   정진호 글그림 / 현암사 / 2014

 성서이야기 ·····························

● 본문 말씀 : 누가복음 19장 1-10절
● 외울 말씀 : 누가복음 19장 5절
　　　　　　예수께서 그 곳에 이르사 쳐다 보시고 이르시되 삭개오야 속히 내려오라 내가 오늘 네 집에
　　　　　　유하여야 하겠다 하시니

말씀을 묵상하면서 그림을 색칠해요.

"이, 이보시오, 이보시오, 다들 어디 가시오?"
돈을 세고 있던 세리장 삭개오는 어디론가 달려가는 사람들에게 물었어요.
그런데 아무도 삭개오에게 대답해주는 사람이 없어요.
여리고 사람들은 자신들을 속이고 많은 세금을 빼앗는 삭개오를 좋아하지 않았어요.
사람들이 삭개오를 쳐다보지도 않고 그냥 지나가 버렸어요.

"우리 마을에 예수님께서 오신답니다." 누군가 외치는 소리가 들렸어요.
삭개오는 자리에서 일어나 마을 사람들이 달려가는 곳으로 따라갔어요.
그러나 키 작은 삭개오는 사람들에게 가로막혀 앞을 볼 수가 없었어요.
삭개오는 잎이 무성한 돌무화과나무 위로 서둘러 올라갔어요.
숨소리도 들리지 않게 숨어서 돌무화과나무 가까이로 지나가시는 예수님을 보았어요.
그때, 사람들이 웅성거리기 시작했어요.
"예수님께서 멈추셨어. 누구를 찾으시나봐?"
"돌무화과나무 쪽으로 가시는데? 예수님께서 나무 위를 바라보고 계셔"
"나무 위에 누가 있다고!" 사람들은 깜짝 놀랐어요.
예수님의 눈이 나무 위에 숨어있던 삭개오를 찾아내셨어요.
예수님은 불쌍한 마음으로 삭개오를 바라보셨어요. 그리고 사랑을 담아 말씀하셨어요.
"삭개오야, 내가 너를 찾았구나. 이제 그만 나무 위에서 내려오렴.
  내가 오늘 너희 집에서 너와 함께 할 거야."

예수님께서는 사랑의 눈으로 나무 위에 숨어있던 삭개오를 찾으셨어요.
사랑의 눈으로 삭개오를 바라보셨어요.
사랑의 마음으로 삭개오와 함께 하셨어요. 친구가 되어주셨어요.

1. 예수님께서는 어떤 방법으로 삭개오에게 사랑을 행하셨나요??

2. 빈칸에 들어갈 글자를 적어보세요.

"사랑의 눈으로 ⬤⬤⬤⬤⬤.
        사랑으로 함께해요."

아무도 바라봐주지 않던 삭개오를 사랑의 눈으로 바라보셨던 예수님을 기억하며,
사랑의 눈으로 주변 사람들을 바라보고 예수님의 사랑을 행하는 사순절이 되어요.

어디에 있을까요?

예수님께서는 나무 위에 숨어 있던 삭개오를 사랑의 눈으로 찾으셨어요. 표정이 다른 친구들을 찾아 색칠하고, 어떤 표정을 하고 있는지, 무엇이 필요한지 말해보아요. 색칠한 얼굴들을 연결하여 하트를 만들어요.

이야기로 만나는 사순절

사랑의 손을 내밀어요

 그림책이야기 ···

아이들이 구덩이에 빠진 강아지 로쿠베를 발견했습니다. 개가 구덩이에 빠진 것이 바보같다고 생각하지만 다섯 명의 아이들은 해결 방법을 찾습니다. 어머니들을 불러왔지만 남자가 있어야 한다며 와글와글 말만 하다 집에 갔습니다. 이제 다섯 명의 아이들은 해결 방법을 찾습니다.

로쿠베를 위해 아이들이 할 수 있는 일은 무엇일까요?

로쿠베, 조금만 기다려 하이타니 겐지로 글 / 초 신타 그림 / 양철북 / 2006

 **성서이야기** ┄┄

- 본문 말씀 : **마가복음 1장 40-42절**
- 외울 말씀 : **마가복음 1장 41절**
  예수께서 불쌍히 여기사 손을 내밀어 그에게 대시며 이르시되 내가 원하노니 깨끗함을
  받으라 하시니

말씀을 묵상하면서 그림을 색칠해요.

예수님께서 갈릴리를 다니시며 여러 회당에서 전도하실 때였어요.

어느 날, 한 나병환자가 예수님 앞으로 나아와 꿇어 엎드려 간구했어요.

"예수님! 저의 병을 몸을 고쳐주세요.

　사람들은 내가 죄를 지어 하나님의 저주를 받았다고 말해요.

　조금이라도 내 몸에 닿아 병이 옮을까봐 두려워해요.

　이웃들도, 친구들도, 이제는 가족들까지도 나를 피해요.

　병들어 흉측해진 몸이 너무 아파요. 나의 몸을 깨끗하게 해주세요!"

사람들이 나병환자의 소리를 듣고 몰려왔어요. 하지만 멀리 떨어져 소리만 쳤어요.

"나병환자는 마을에 들어오면 안 되는걸 모르시오? 어서 나가시오!"

사람들은 병이 옮을까봐 두려워했어요.

하지만 예수님께서는 나병환자의 고통을 보시고 그를 불쌍히 여기셨어요.

예수님께서는 나병환자에게로 가까이 다가가시며 말씀하셨어요.

"내 사랑하는 자야, 나는 네가 이 고통에서 벗어나기를 원한단다."

그리고 손을 내밀에 나병환자의 몸에 손을 대셨어요.

예수님의 행동을 본 많은 사람들은 깜짝 놀라 아무 말도 할 수 없었어요.

예수님께서는 사랑의 손길로 나병환자의 몸을 어루만지시며 말씀하셨어요.

"내가 진실로 너의 몸이 깨끗해지기를 원한단다. 너는 이제 깨끗함을 받으라."

그 순간 나병환자의 몸이 깨끗해졌어요.

고통받는 나병환자를 향해 내미신 예수님의 손에는 사랑이 가득했어요.

예수님께서는 나병환자를 불쌍히 여기셨어요. 나병환자를 불쌍히 여기신 예수님의 사랑의 손이 병든 몸을 어루만지셨어요. 회복시키셨어요.

1. 예수님께서 나병환자에게 다가가 손을 내밀어 그에게 대신 이유는 무엇인가요?

2. 빈칸에 들어갈 글자를 적어보세요.

"사랑의 　●　을 내밀어요.
사랑의 　●　으로 만져주어요."

아무도 만져주지 않았던 나병환자를 손 내밀어 만져주신 예수님의 사랑을 기억하며,
상처 입은 사람들에게 사랑으로 다가가 우리의 손을 내밀어 예수님의 사랑을 행하는 사순절이 되어요.

'사랑 손' 막대봉 만들기

예수님의 손은 도움이 필요한 사람에게 다가가 만져주는 사랑의 손이에요. 사랑의 손이 필요한 사람들의 이름을 적고 막대봉을 만들어요. 사람들에게 다가가 사랑의 손을 내밀어요.

이야기로 만나는 사순절

사랑의 발걸음으로 찾아가요

 그림책이야기

폭풍우 치는 어느 날입니다. 곰은 천둥소리에 겁이 나서 이불을 뒤집어 쓰고 벌벌 떨고 있습니다. 하필이면 겨울잠쥐는 이런 날에 일곱 빛깔 골짜기에 핀 수국을 보러 가자고 합니다. 곰은 천둥소리가 무서워 거절합니다. 잠시 후 개울물이 넘쳐서 자기 집까지 물이 들어오자 곰은 골짜기에 간 겨울잠쥐가 걱정입니다.

친구를 위한 용기

고마워 친구야!

후쿠자와 유미코 글 · 그림 서혜영 옮김

곰은 천둥소리가 무서웠어요. 하지만 겨울잠쥐도 걱정되었어요, 곰은 어떻게 했을까요?

고마워 친구야!   후쿠자와 유미코 글그림 / 한림출판사 / 2007

성서이야기

- 본문 말씀 : 요한복음 11장 1-44절
- 외울 말씀 : 요한복음 11장 11절
  이 말씀을 하신 후에 또 이르시되 우리 친구 나사로가 잠들었도다 그러나 내가 깨우러 가노라

말씀을 묵상하면서 그림을 색칠해요.

"예수님!" 예수님을 부르며 한 사람이 다급하게 달려왔어요.

그리고 예수님의 사랑하는 친구 나사로가 병들어 죽게 되었음을 전했어요.

예수님께서는 병들어 죽게 된 나사로와 슬퍼할 마리아와 마르다를 생각하니 마음이 아프셨어요.

예수님께서 제자들에게 말씀하셨어요. "유대로 다시 가자"

그때 제자 중 한 명이 예수님께 말했어요.

"예수님, 유대인들이 예수님을 모함합니다. 그런데 그리로 가시려합니까?"

"우리 친구 나사로가 잠들었으니, 내가 지금 그를 깨우러 가야겠다."

예수님께서는 죽은 나사로를 살리기 위해 유대를 향해 발걸음을 옮기셨어요.

제자들은 나사로가 있는 곳으로 한걸음씩 나아가시는 예수님을 뒤따라갔어요.

멀리 나사로의 집이 있는 베다니가 보여요. 예수님의 발걸음이 더욱 빨라지셨어요.

마리아는 달려와 예수님의 발 앞에 엎드려 슬피 울었어요. 함께 온 사람들도 울었어요.

사람들의 눈물을 보시고 예수님의 마음은 너무나 아프셨어요.

예수님께서도 사람들과 함께 슬피 우셨어요.

예수님께는 나사로의 무덤이 있는 곳으로 발걸음을 옮기셨어요.

굳게 닫힌 돌문을 보니 예수님의 마음에 다시 슬픔이 가득 찼어요.

무덤 앞으로 더 가까이 가시며 예수님께서 말씀하셨어요.

"돌을 옮겨놓으라! 너희가 하나님의 영광을 보리라!"

돌문이 옮겨진 무덤 앞으로 한 걸음 더 다가가신 예수님께서 말씀하셨어요.

"나사로야! 나오너라!"

예수님께서는 죽음의 고통가운데 있는 사랑하는 친구 나사로를 향해 발걸음을 옮기셨어요.

나사로를 향한 예수님의 사랑의 발걸음이 죽은 나사로를 살리셨어요.

1. 예수님께서는 나사로의 소식을 들었을 때 어떻게 하셨나요?

2. 빈칸에 들어갈 글자를 적어보세요.

친구를 향해 ●●● 을 옮겨요.
사랑으로 ●●●● .

나사로를 살리기 위해 찾아가셨던 예수님의 발걸음을 기억하며, 지금 고통가운데 있는 사람들을 향해 사랑의 발걸음으로
찾아가 예수님의 사랑을 행하는 사순절이 되어요.

'사랑의 발걸음' 주사위 놀이

예수님께서는 사랑의 마음으로 나사로를 향해 발걸음으로 옮기셨어요. 우리도 예수님처럼 사랑의 마음으로 찾아가요. 도착지에 찾아갈 사람의 이름을 적고, 사랑의 마음으로 한걸음씩 찾아가보아요.

이야기로 만나는 사순절

사랑으로 아낌없이 주어요

 그림책이야기

전쟁과 가난으로 버려져 길에서 살아가는 아이들이 있었습니다. 야누슈 코르착 박사님은 "너희들이 여기 있는데 내가 어디로 간단 말이니?"라고 말하며 아이들을 품었습니다. 아이들은 다시 버려지지 않으리란 믿음을 갖게 되었고, 마음이 치유되어 웃음과 사랑을 되찾았습니다. 그런데 2차 세계 대전이 벌어지고, 1942년 8월 아이들에게 가스실로 가는 위한 열차에 타라는 명령이 내려졌습니다.

"박사님! 타지 않으셔도 됩니다. 어서 내리세요, 박사님!"
야누슈 코르착은 어떤 선택을 했을까요?

천사들의 행진 강무홍 글 / 최혜영 그림 / 양철북 / 2008

성서이야기

- 본문 말씀 : **마가복음 14장 22-24절**
- 외울 말씀 : **마가복음 14장 22절**

  그들이 먹을 때에 예수께서 떡을 가지사 축복하시고 떼어 제자들에게 주시며 이르시되
  받아서 먹으라 이것은 내 몸이니라 하시고

말씀을 묵상하면서 그림을 색칠해요.

멀리 시온 산에 저녁 해가 넘어 가고 있어요.
예루살렘 성안에 어둠이 내려앉았어요.
마가의 다락방을 밝히는 촛불이 켜지고, 예수님과 제자들은 유월절 식사를 위해 둘러앉았어요.
예수님께서는 사랑하는 제자들과 사람들을 두고 곧 떠나야 함을 아셨어요. 마음이 아팠어요.

사랑하는 제자들과 사람들을 두고 곧 떠나야 하는 예수님의 마음은 안타까웠어요.
예수님께서는 식탁에 둘러앉은 제자들의 얼굴을 한 명씩 보시며 사랑의 마음으로 기억했어요.
그리고 식탁 위에 놓인 떡을 떼어 제자들에게 나누어주시며 말씀하셨어요.
"내 사랑하는 자들아, 내가 너희와 더 이상 함께하지 못할 것 같구나.
너희를 두고 가야하는 내 마음이 너무 아프구나."
예수님의 말씀을 듣고 있고 있던 베드로와 제자들이 말했어요.
"안돼요, 예수님. 예수님이 어디를 가시든 저는 끝까지 함께 있을 거예요."
"맞아요. 저희도 그럴 거예요."
떼쓰듯 말하는 베드로와 제자들을 보시며 예수님께서 다시 말씀하셨어요.
"지금은 내가 가려는 곳에 너희가 함께 할 수 없단다.
그러니 너희가 함께 모여 떡을 뗄 때마다 내가 너희를 얼마나 사랑하는지 기억하렴.
오늘 내가 이 떡을 떼어 너희에게 주듯이 이제 너희를 위해 나의 몸을 내어줄 거야.
시간이 다가오는 구나. 곧 너희가 나의 사랑을 보게 될 거야.
십자가 위에서 몸을 내어주는 나의 사랑이 너희를 구원할거야.
생명을 내어주는 나의 사랑이 너희에게 새 생명을 줄 거야."

세상을 사랑하신 하나님께서는 독생자 예수님을 주셨어요.
제자들과 사람들을 사랑하신 예수님께서는 예수님의 몸을 주셨어요.
하나님의 사랑의 마음을 품으신 예수님께서는 우리들을 위해 생명까지도 아낌없이 주셨어요.

1. 예수님께서는 어떤 방법으로 우리에게 사랑을 보여주셨나요?

2. 빈칸에 들어갈 글자를 적어보세요.

" 예수님께서는 우리를 ●● 하셔요.
십자가에서 죽으심으로 아낌없는 사랑을 ●●●● ."

우리를 사랑하셔서 자신의 생명까지 내어주신 예수님을 기억하며, 예수님의 사랑을 마음에 품고 예수님과 이웃과 세상을
위해 나에게 가장 소중한 것을 아낌없이 내어주는 사순절이 되어요.

아낌없이 주어요

예수님께서는 자신의 몸과 생명을 내어주심으로 우리를 향한 사랑을 보여주셨어요. 우리도 아낌없이 모든 것을 내어주신 예수님의 사랑을 닮으며 살아가요. 예수님의 십자가 아래 나의 헌신의 마음을 예수님께 고백해요.

예수님께 _____

_____

_____

_____

_____

_____

_____ 이름

이야기로 만나는 사순절

예수님의 사랑을 닮아요

예수님의 마지막 일주일

- 본문 말씀 : 마태복음 21장 1-11절
- 외울 말씀 : 마태복음 21장 9절

  앞서가고 뒤에 따르는 무리가 소리 높여 이르되 호산나 다윗의 자손이여 찬송하리로다

  주의 이름으로 오는 이여 가장 높은 곳에서 호산나 하더라

종려주일은 예수님께서 세상을 향한 하나님의 사랑을 이루시기 위해 예루살렘 성으로 들어오신 날을 기념하는 주일이에요. 하나님의 사랑의 마음을 품고 자신의 몸과 생명을 내어주신 예수님의 사랑을 묵상하는 고난주간의 시작을 알리는 주일이에요. 예수님께서 보여주신 사랑을 기억하며 예수님의 마지막 일주일을 살펴보아요. 그리고 예수님의 사랑을 닮아가는 어린이가 될 것을 결단해요.

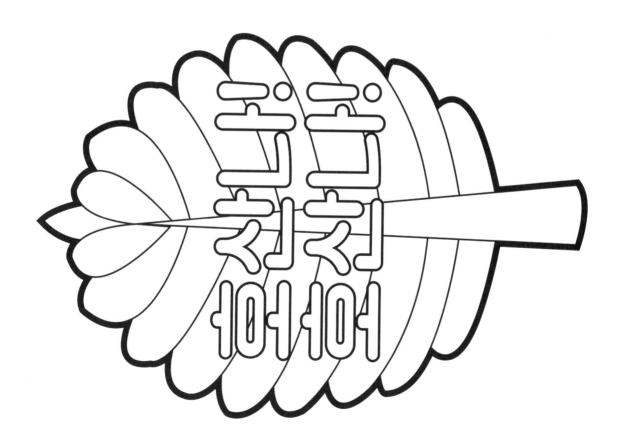

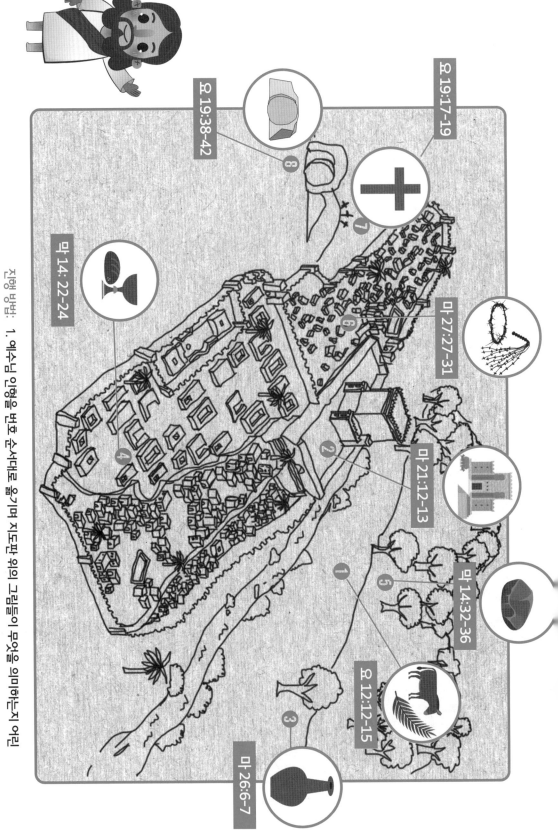

요 19:17-19

요 19:38-42

막 14:22-24

마 27:27-31

마 21:12-13

막 14:32-36

요 12:12-15

마 26:6-7

진행 방법: 1. 예수님 인형을 받호 순서대로 옮기며 지도판 위의 그림들이 무엇을 의미하는지 아린 아이들과 해당 성경구절을 찾아 읽는다.

이야기로 만나는 사순절 예수님의 사랑을 닮아가요

그림책을 소개합니다

사랑의 마음을 품어요

거짓말 같은 이야기

강경수 글그림/ 시공주니어 / 2011

평범한 일상 속의 나, 하지만 세계 어느 곳에서 전혀 다른 삶을 살고 있는 어린이들을
소개하며 나의 일상을 돌아보게 하는 그림책

사랑의 눈으로 바라보아요

위를 봐요!

정진호 글그림 / 현암사 / 2014

항상 혼자서 멀리 떨어져 세상을 내려다 볼 수밖에 없었던 소녀, 그리고 한 소년이
그 소녀를 바라보며 시작된 작은 변화들을 담은 따뜻한 그림책

사랑의 손을 내밀어요

로쿠베, 조금만 기다려

하이타니 겐지로 글 / 초 신타 그림 / 양철북 / 2006

구덩이에 빠진 개, 로쿠베를 구하기 위해 다섯명의 아이들이 머리를 짜내고
이리 저리 분주한 소동을 담은 따뜻하고 유쾌한 그림책

사랑의 발걸음으로 찾아가요

고마워 친구야!

후쿠자와 유미코 글그림 / 한림출판사 / 2007

천둥이 치고 폭풍우로 강이 넘치것이 무서운 곰, 하지만 사랑하는 친구를 구
하기 위해 발걸음을 옮기는 이야기를 담은 사랑스런 그림책

사랑으로 아낌없이 주어요

천사들의 행진

강무홍 글, 최혜영 그림 / 양철북 / 2008

제2차 세계대전 속 전쟁고아를 보살피는 일에 헌신한 야누슈 코르착의 헌신
과 사랑을 담은 그림책

토비아 사역원
Tobia Ministry

하나님의 선하심을 위한 토비아 사역은

성지와 기독교역사 탐방 및 순례, 성서 및 신학 아카데미, 교회 및 기독교 사역 개발, 그리고 국내외 선교지 사역 지원을 주로 하는 사역 단체입니다. 토비아 사역은 특별히 샬롬교회와 함께 협력하여 한국교회와 성도들의 삶과 신앙, 사역을 지원하고 협력하여 하나님의 선하심이 세상 끝까지 전파 되도록 헌신하고 있습니다.

토비아 사역을 위해 기도해 주세요.

1. 토비아 사역의 성지 및 기독교 역사 탐방 안내 사역을 위해 기도해 주세요.
2. 한국교회와 사역자들을 섬기는 다양한 아카데미 사역을 위해 기도해 주세요.
3. 한국교회와 사역자들의 전문화와 다양화를 위한 개발/출판 사역을 위해 기도해 주세요.
4. 선교지 현장에서 사용 가능한 다양한 콘텐츠 보급 사역을 위해 기도해 주세요.

토비아 사역 후원 안내

토비아 사역은 한국교회와 성도들의 격려와 후원으로 운영됩니다. 토비아 사역의 후원 방법은 다음과 같습니다. 각 후원은 매월 납부를 기준으로 합니다.

- 실행후원(이사) 월 200,000원
- 실행후원(위원) 월 100,000원
- 프로젝트후원 프로젝트별 직접
- 말씀후원(일반) 월 50,000원
- 회복후원(일반) 월 30,000원
- 부흥후원(일반) 월 20,000원

후원계좌: 국민은행 009901-04-105543 터치바이블선교회

사역목사: 강신덕 목사 김덕진 목사
순례 및 사역팀장: 김규성 목사 출판 및 콘텐츠 제작 팀장: 오인표 전도사 행정 및 운영 팀장: 지동혁 집사
주소·서울시 마포구 와우산로 73 4층 (우) 04041 T: 02-738-2082 H: www.touch-bible.com

레티티아 책세계관연구소

우리는 문학으로 성서적 세계관을 교육하는 일로 부름 받았습니다.

레티티아는 그리스도인들이 성경의 진리를 나의 삶의 기준으로 삼고 세상과 소통할 수 있도록 교육하는 일로 부름 받았습니다. 또한 비 그리스도인들이 진리를 담고 있는 문학 작품을 통해 자연스럽게 성서적 세계관을 접하고 복음을 경험하기를 소망합니다.

읽는 즐거움, 깨닫는 즐거움, 행동하는 즐거움을 지향합니다.

성경의 진리를 실제적으로 보여주는 다양한 문학 작품을 즐겁게 읽고, 그 안에 담긴 구체적 의미를 깨달아 실제 삶 속에서 어떻게 행동하며 살아가야 하는지 함께 알아가기를 꿈꿉니다.

어린이와 성인을 대상으로 한 책세계관 교육프로그램을 개발합니다.

'높은뜻어린이문학세계관학교'를 시작으로 그림책 등을 통해 성서적 세계관을 교육할 수 있는 유아, 초등 대상 교회 교육 프로그램을 꾸준히 개발해 왔습니다(주제: 샬롬, 권위, 거짓말, 용서 등). 더불어 목회자를 비롯한 그리스도인들이 문학 작품을 읽고 해석하며 올바른 성서적 세계관을 세워 갈 수 있는 다양한 책세계관 교육 강좌를 진행하고 있습니다.

사역 내용

1. 개별 교회에서 주말 및 방학에 활용할 수 있는 어린이문학세계관학교 프로그램 개발(유치, 초등 대상)

2. 그림책에 대한 전문 지식을 쌓고, 세계관적 분석을 바탕으로 책세계관교육을 할 수 있는 그리스도인 양성 프로그램 개발(성인 대상)

3. 레티티아책세계관연구소 부설 독서교육센터에서는 4세부터 중학교 3학년을 대상으로 한 독서교육프로그램 상시 진행

문의 레티티아책세계관연구소 T 070-8868-0220 E-mail laetitia_books@naver.com
찾아오시는 길 서울시 마포구 만리재옛길 6 서현빌딩 3층 레티티아(공덕역 5,6번 출구)

이야기로 만나는 사순절

예수님의 사랑을 닮아가요는

도서출판 시공주니어의 도서 「거짓말 같은 이야기」

도서출판 현암사의 도서 「위를 봐요」

도서출판 양철북의 도서 「로쿠베, 조금만 기다려」, 「천사들의 행진」

도서출판 한림의 도서 「고마워 친구야」의

일부사용과 관련하여 각 도서출판사의 승인 하에 제작된 것입니다.

이야기로 만나는 사순절

예수님의 사랑을 닮아가요

1판 1쇄: 2020년 1월 20일

저자: 정부선, 박현경
편집: 정부선, 오인표
디자인: 오인표
홍보/마케팅: 지동혁
펴낸이: 강신덕
펴낸곳: 도서출판 토비아
등록: 426-93-00242
주소: 04041) 서울특별시 마포구 와우산로 73(홍익빌딩 4층)
　　　T 02-738-2082 F 02-738-2083

ISBN: 979-11-89299-17-0　04230
　　　979-11-89299-08-8　(세트)